Introduction

La nature fait si bien les choses, respectons là!

La nature est faite de richesses que vous devez apprendre à utiliser pour vous aider chaque jour dans vos tâches quotidiennes afin de respecter l'environnement mais aussi votre santé et celle de votre famille et/ou de vos animaux.

On a très souvent tendance à penser que tout ce qui est chimique est plus puissant et donc plus efficace. En réalité, certaines alternatives écologiques peuvent se montrer beaucoup plus efficaces, c'est pourquoi il est important de se renseigner sur les composants et les labels de vos produits.

En effet, stimulés par des campagnes publicitaires, nous n'hésitons pas à y avoir recours tous les jours. Notre cerveau fait le lien entre des images / odeurs et l'idée de propreté, parce qu'il a été habitué à ça. Et puisque nous avons toujours fait le ménage avec certains types de produits, nous avons du mal à imaginer qu'on puisse faire autrement, même si ces produits sont dangereux pour notre santé. Il est donc important de se défaire de ces représentations et d'abandonner les produits ménagers « classiques », pour passer au ménage écologique.

Derrière eux se cache un cocktail de produits toxiques qui nous contraignent à avoir un air intérieur pollué et qui ruinent aussi notre porte monnaie ! Alors pourquoi continuer?

Je vais essayer de vous donner toutes les bases et astuces pour bien débuter dans votre démarche "Ménage écolo". Vous verrez, ce n'est pas si compliqué et contraignant.
Nous devons prendre conscience de l'impact néfaste que cela peut avoir sur nous et le monde, ainsi agissons et mettons nous au ménage écolo.
Vous ne serez pas déçus !

1.   Quelques a priori:

Si vous avez sûrement autant de mal à adapter le ménage écologique, c'est probablement à cause de **croyances, d'habitudes ou encore d'informations trompeuses**

Essayons de comprendre cela...

⚙ *Les Emballages sont trompeurs*

Les tendances changent et les fabricants adaptent leurs recettes et proposent toutes sortes de produits pseudo-naturels. Les emballages se teintent de vert et les recettes sont « enrichies au bicarbonate », au savon noir... Alors qu'elles n'en contiennent parfois que des traces **#green-washing !** Les industriels sont libres d'apposer la mention qu'ils souhaitent « dégraissant », « naturel » sans que cela ne signifie grand chose....

Quant aux labels, certains s'auto décernent des médailles avec des labels non reconnus... L'apparence est occasionnellement trompeuse, cependant, les composants et descriptifs ne mentent jamais. Vous ne pouvez faire confiance qu'à ça, alors pensez à regarder et analyser les étiquettes !

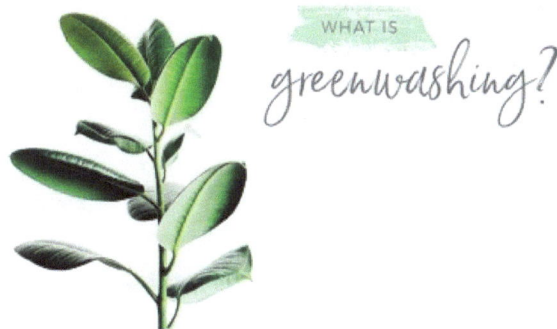

✦ « Si ça ne sent pas bon, c'est que c'est encore sale ! »

Sûrement l'idée la plus ancrée dans nos mœurs, seulement **la propreté n'a pas d'odeur**. Cette odeur que vous sentez après avoir astiqué votre intérieur est simplement celle des parfums et autres composants ajoutés à vos produits ménagers pour obtenir cet effet de sent bon.

✦ « S'il ne mousse pas, le produit n'est pas efficace »

C'est totalement faux ! Au contraire, en plus laisser de vilaines traces sur votre carrelage, le surplus de mousse va parfois empêcher la prise de contact entre votre sol et votre lavette ou serpillère, ne permettant pas un nettoyage de vos surfaces en profondeur.
Si ce critère est important pour vous sachez que vous pouvez ajouter de la mousse naturelle à vos préparations.

✦ « Plus on met de produit, meilleur sera le résultat »

En plus de gaspiller inutilement votre produit, vos surfaces à laver ne seront pas plus propres ni plus éclatantes, au contraire même. Selon les produits, **la surdose peut accroître la corosité ou encore la présence de traces post-lavage**.
De plus, dépasser les doses recommandées peut s'avérer dangereux pour votre santé et celle de vos proches.

⚙ « La javel est le meilleur désinfectant »

La javel est connue pour avoir de nombreuses propriétés et des efficacités multiples notamment celle de désinfecter.
En réalité, l'utilisation quotidienne de l'eau de javel ultra-concentrée est disproportionnée par rapport à nos besoins. De plus, il s'avèrerait que certaines bactéries deviennent résistantes à son utilisation.
De l'eau et du savon de Marseille conviennent tout à fait pour laver et désinfecter les bactéries bénignes du quotidien. Un milieu trop aseptisé diminue vos défenses immunitaires et rend vos bactéries plus résistantes aux produits.
Au contact de l'Homme, **la javel est un réel danger** qui peut causer des irritations, rougeurs et maladies respiratoires en cas d'inhalation. Le vinaigre blanc fait tout à fait l'affaire !

⚙ Mélanger des produits pour une plus grande efficacité

C'est à la fois **dangereux et contradictoire**. Si vous voulez optimiser votre temps de ménage et nettoyer votre intérieur en un coup de balai, il est inutile de se presser à la tâche. Comme on dit, pour aller vite, il faut aller doucement. Ici, mélanger des produits dont vous ne connaissez pas les potentielles réactions peut s'avérer très dangereux pour vous et votre entourage.
En plus, certaines substances peuvent annuler les effets d'une autre. C'est donc quelque chose à ne vraiment pas faire ! Suivez les conseils d'utilisation du produit pour une utilisation optimale et changez de produit lorsque ça s'avère nécessaire, pour une surface différente.

Maintenant que vous savez cela, je vais vous expliquer comment vous pouvez désinfecter sans javel, utiliser vos produits sans trop doser et vous rendre compte que finalement vous n'avez plus besoin d'autant de produits que vous utilisiez actuellement. Vous le constaterez par vous même l'efficacité et l'économie réalisée.

AVANT TOUTES CHOSES, RESPECTER LES ÉTAPES DU MÉNAGE

Le ménage ne se fait pas au hasard. Procéder de façon logique, vous évitera de perdre votre temps et de nettoyer deux fois une même surface.

1. Quelques règles essentielles

☼ *Faire du rangement*

Avant toute chose, commencez à ranger votre maison. Cela vous aidera et vous fera du bien au moral puisque d'une part vous aurez déjà l'impression d'avoir gagné du temps et d'autre part, libérer les surfaces vous permettra de mieux nettoyer sans se démotiver. Une maison rangée paraît déjà plus nette !

⚙ *Nettoyer à la verticale*

Toujours **nettoyer de haut en bas**, les objets et placards en hauteur pour faire tomber la poussière et les saletés sur des surfaces plus basses pas encore lavées.
Ce serait bête de faire tomber de la poussière sur une surface déjà nettoyée pour recommencer!
N'oubliez pas non plus l'intérieur des tiroirs et placards ! Cela semble inutile pour certains mais ça ne l'est pas ! Si votre tiroir ou placard est sale et que vous prenez quelque chose, la poussière va voler et retomber plus loin même si vous venez de faire le ménage.

Imaginez….Vous avez fini le ménage, vous décidez de faire un gâteau car vous le méritez bien ! Vous avez besoin de farine mais le placard est plein de grains de sucre et de farine. Eh bien, même si vous faites attention, vous allez salir votre sol en la prenant. Vous êtes bon pour repasser l'aspi !

⚙ *Avoir le bon matériel*

Il est important d'avoir de bons accessoires pour bien nettoyer et avoir des surfaces sans traces… Nous en reparlerons plus loin.

2.   Résumé des étapes conseillées.

1. **Anticiper les tâches** : prévoir de cuisiner et préparer les repas de la semaine, la veille si vous fonctionnez en mode « Batch Cooking ». Cela évitera de salir votre cuisine si vous venez la dégraisser.

    Avant de commencer votre ménage, faites tourner la machine à laver et faites votre repassage.

    Cette étape peut aussi être réalisée la veille ; cela vous permettra d'étendre votre machine juste avant de passer l'aspirateur. Le timing devrait être bon et éviter alors de redéposer des peluches de textiles sur le sol lorsque vous secouerez votre linge.

2. **Ranger, surélever :** tout ce que vous pouvez (poubelle, chaise, tapis...) pour anticiper le passage du balai ou de l'aspi. On ne nettoie mieux si rien n'est sur votre passage.

3. **Faire la poussière de toute la maison** (meubles, canapés, lits, ...)

4. **Nettoyer les chambres** (draps, lits, ..)

5. **Nettoyer Cuisine et sanitaires**: ce sont souvent les pièces les plus difficiles à nettoyer à cause du gras et du calcaire incessant. C'est à mon sens, ce qui prend le plus de temps. Par consequent, il vaut mieux commencer quand on a encore assez d'énergie.

    Pensez aussi à nettoyer vos électroménagers (four, cafetière, réfrégirateur). Respecter des fréquences de nettoyage

6. **Ranger et nettoyer la terrasse**

7. **Faire les vitres**

8. **Passer l'aspirateur**

9. **Passer la serpillère**

10. **Diffuser de l'huile essentielle ou vaporisez vos textiles avec un brumisateur à base d'alcool et d'huiles essentielles.**

BIEN DÉMARRER, LES PRODUITS ESSENTIELS

1. Les bases

Voici ci-après une liste non exhaustive de produits biodegradables et non nocifs pour l'environnement, indispensables pour commencer en ménage ecolo:

- Savon de Marseille
- Vinaigre blanc
- Bicarbonate de soude
- Acide Citrique
- Percarbonate de soude
- Cristaux de soude
- Savon noir...

Autres éléments naturels utiles pour le ménage écolo

✓ Les Huiles essentielles (HE d'arbre à thé, HE d'eucalyptus, HE de lavande...) qui permettront d'assainir, de désinfecter ou de parfumer votre environnement.
✓ Le sel pour ses vertus abrasives sert souvent à récurer et permet de raviver et fixer les couleurs du linge.
✓ L'Huile de lin ravive le bois et les poteries en terre.
✓ L'alcool à 70° est efficace pour enlever les taches d'encre, de vernis à ongles, de résine.
✓ Le citron contient de l'acide citrique qui le rend efficace pour le nettoyage des sanitaires, des robinets et des métaux. Il sert aussi de désodorisant naturel ou de

détachant pour éliminer les taches d'herbe, de vin, de thé, d'encre, de rouille et de transpiration.

✓ Le dentifrice permet d'éliminer les griffures faites sur le verre ou le métal grâce à ses qualités abrasives. Il est aussi utile pour le nettoyage des joints de salle de bains ou du réfrigérateur, des bijoux, de la semelle de fer à repasser.

✓ L'eau oxygénée agit comme un agent blanchissant sur le linge ou les tennis qui grisaillent.

✓ La farine ou la terre de sommière est utilisée également en produit ménager pour détacher grâce à son pouvoir absorbant ou dans le nettoyage des métaux ou du cuir.

✓ La pierre d'argile ou pierre blanche est réputée pour sa capacité à nettoyer parfaitement sans agresser frigo, évier, sanitaires, robinets, meubles de cuisine et de salle de bains, carrelage, lino, vitres, miroirs, lamifiés, inox, cuivre, chromes, argenterie et plaques de cuisson en vitrocéramique.

✓ Le talc doté de propriétés absorbantes est très efficace sur les taches faites avec de l'huile, de la graisse, du thé, du café ou du vin

2. Fiches pratiques des basiques

Le savon de Marseille

Que savoir ?

- Composé d'huiles végétales, d'eau, de sel et de soude (à l'origine de la saponification).

  - De couleur vert pour le Corps (à base d'huile d'olive)
  - De couleur blanc pour le linge (à base d'huile de coprah*)

- Le vrai savon de Marseille doit être estampillé sur les 6 faces dont une comprenant le logo ci dessous de l'Union Professionnel des savons de Marseille (la savonnerie du midi, le fer à Cheval, Marius Fabre, le sérail)
- Le véritable savon de Marseille n'est ni parfumé, ni coloré donc attention aux fausses appellations.

*Les huiles sont certifiées RSPO (Roundtable on Sustainable Oil), issues de plantations gerées durablement, dans le respect de l'environnement et des cultures locales

PROPRIETES

- Détachant doux et efficace pour le linge
- Dégraisse et nettoie
- Bactéricides,
- Insecticides

PRECAUTIONS D'EMPLOI

- Aucune si ce n'est de ne pas le mettre dans vos yeux au risque de vous picoter et bien sûr de ne pas le manger. ☺

AVANTAGES

- Economique, il dure encore plus longtemps après avoir séché
- Biodégradable
- Produit Extra pur
- Hypoallergénique

La lessive aux copeaux de savon de Marseille,
de la compagnie du bicarbonate.

J'adore cette recette, c'est le dosage parfait! L'efficacité est au rendez vous !

La compagnie du bicarbonate a travaillée en collaboration avec la savonnerie du Sérail pour combiner le savon de Marseille et la force du bicarbonate. La fabrication de votre lessive devient plus simple.

Recette économique puisqu'avec un kilo de copeaux, vous pourrez faire entre 50 et 100 lessives.

Vous avez également le choix entre des copeaux neutre ou senteur lavandin.

Passons à la recette ...

Dans 1 L d'eau très chaude mais non bouillante, diluer 30g de copeaux de savon de Marseille.

Laissez tiédir le mélange et versez dans une bouteille ou un contenant de 1,5 litres pour rediluer* après refroidissement si nécessaire.

Adaptez les doses pour plus de lessive.

<u>Mon astuce pour une lessive encore plus onctueuse :</u>

une fois le mélange refroidi, mixez la solution avec un mixeur plongeant.

Pour un côté plus esthétique, versez votre lessive dans une jarre en verre.

Campagnie du bicarbonate

Lessive au savon de Marseille
SIMPLE ET RAPIDE !

Le site *de la compagnie du bicarbonate* a élaboré en collaboration avec la savonnerie du sérail un lingot détachant composé de savon de Marseille enrichi au bicarbonate qui fait des merveilles. Il m'a sauvé plus d'une fois.

Un savon détachant 100% végétal

Le savon noir ménager

Que savoir ?

Composé de mélange d'huile et de grignons d'olives noires broyées ou d'huile de lin macérés dans du sel et de potasse avec ajout de glycérine.

Peu importe si vous optez pour la version liquide ou en pâte c'est le même produit. Seulement plus concentré en pâte, il durera plus longtemps donc plus économique.

Se dilue 1 c à soupe dans un litre d'eau chaude pour en faire un nettoyant multi usage.

Cependant c'est un produit assez visqueux qu'il faudra penser à bien rincer pour éviter que les surfaces nettoyées ne collent.

PRECAUTIONS D'EMPLOI

Ne pas le mettre dans vos yeux au risque de vous picoter et bien sûr de ne pas le manger. ☺

AVANTAGES

Existe sous différentes textures (pâte, liquide).
Economique et biodégradable

PROPRIETES

- Très bon dégraissant (four, friteuses, casseroles ...)
- Peu remplacer votre lessive
- Nourrit et ravive les sols, pinceaux, cuirs, sacs et cartables.
- Fait briller l'argenterie et cuivre
- Nettoie et dégraisse la carrosserie de votre voiture ou moto et fait briller les plastiques intérieurs
- Protège les surfaces poreuses (linoleum, grès,...)
- Protège vos plantes des pucerons, cochenilles...
- Enlève la suie dans l'insert de votre cheminée.

Son utilisation pour le sol en grès,...

Il nettoie en profondeur vos sols poreux, les nourrit, les protège et les fait briller.

Dans 5l d'eau chaude, diluez 1 cuillère à soupe de savon noir et 1 cuillère à café de bicarbonate. Lavez.

Les plantes :

Pour protéger vos plantes des pucerons, araignées rouges,...prenez un vaporisateur et diluez 2 cuillères à soupe de savon noir dans 1 L d'eau chaude.

Vaporisez ce mélange sur la plante de préférence le matin ou le soir. Pensez à l'envers des feuilles.

L'insecte ne pourra plus s'accrocher à la plante.

Pour le cuir :

Comme il contient de l'huile végétale Olive ou lin, vous pouvez l'utiliser pour nettoyer, entretenir ou nourrir le cuir de votre canapé, veste, sacs,.... Votre cuir retrouvera sa brillance et restera souple.

Testez avant sur une surface non visible.

Sur une éponge mettez un peu de savon noir et rincez à l'eau tiède.

Mon usage préféré reste celui du nettoyage de la carrosserie de voiture.

Mettez un peu de savon noir sur une éponge, lavez et rincez.

Ou encore pour dégraisser le four ou le barbecue.

Le Vinaigre blanc

Que savoir ?

Il s'agit d'un procédé de fermentation à base d'alcool de maïs, betteraves, malt. L'alcool obtenu est ensuite transformé en acide acétique filtré et mélangé à de l'eau. C'est un produit simple de fabrication donc très peu cher.

Il possède une certaine acidité plus ou moins importante. Pour un ménage efficace je vous conseille un taux d'acidité entre 8°c et 14°c .

Mon astuce pour une utilisation plus agréable ou pour renforcer son efficacité, ajouter quelques gouttes d'huiles essentielles. (agrumes pour parfumer, tea tree pour désinfecter)

o   Dissolution 1 L de vinaigre dans 1 L d'eau chaude

Il peut avoir différente appellations commerciales « vinaigre ménager », « de cristal »,...mais il s'agit tout simplement du même produit. Vérifiez juste le taux d'acidité sur l'étiquette puisque l'appellation ne vous donnera pas non plus d'indication sur ce taux.

AVANTAGES ➕

Très bon désinfectant
Existe sous différentes textures (gel, liquide)….
Economique et biodégradable

PROPRIETES

- o   Nettoie
- o   Désinfecte
- o   Désodorise
- o   Détruit les mauvaises herbes
- o   Elimine le calcaire

PRECAUTIONS D'EMPLOI

- o   Irritant pour les yeux et voix respiratoires.
- o   Produit irritant surtout si on le chauffe car il se transforme en acide
- o   Puissant décapant à ne pas utiliser sur surfaces telles que le marbre, pierres poreuses, bois, granit…
- o   Ne jamais mélanger Vinaigre blanc et javel qui créent des émanations toxiques

<u>Détartrage Cafetières, bouilloires et fers à repasser,...</u>

Il détartre très bien et rend vos appareils comme neufs.

Un entretien régulier vous empêchera de redoubler d'efforts.

<u>Electroménager</u>: Remplissez le réservoir, mettez en marche et rincez. Diluez le 1 volume de vinaigre pour 1 volume d'eau.

Mon astuce pour un gros entartrage, ajouter 1 cuillère à café de bicarbonate de soude, sa réaction vous permettra de détartrer et de désincruster.

<u>Mousseurs de robinets et pommeaux de douche</u>: faites les tremper toute une nuit dans du vinaigre blanc.

<u>Pour la brillance :</u>

Le vinaigre blanc est un très bon anticalcaire et nettoyant qui vous permettra de laisser vos surfaces propres et brillantes.

<u>Robinetterie, plaques inductions, ...</u>*Pulvérisez votre surface de vinaigre blanc et avec un chiffon sec et doux, frottez et essuyer. Vous m'en direz des nouvelles.*

<u>Lave vaisselle :</u>*Mettre du vinaigre blanc à la place de votre liquide de rinçage*

<u>Nettoyer ses vitres et parois de four...</u>

<u>Pour les vitres :</u> *diluez votre bicarbonate avec de l'eau (le flacon vitre du site de la Galipoli fabrique vous facilitera la tâche) et vaporisez vos fenêtres. Frottez et séchez avec un chiffon sec et doux.*

<u>Pour la vitre du four :</u> *Pour vous faciliter la tâche, vous pouvez frotter directement avec l'Abracarbonate élaboré par la Compagnie du bicarbonate. Rincez, vaporisez de vinaigre blanc et séchez avec un chiffon sec et humide pour faire briller.*

Le mélange et l'équilibre parfait entre bicarbonate de soude et vinaigre blanc s'annule et donne un résultat neutre.

Cependant pas si le dosage de bicarbonate est > à celui du vinaigre blanc; le mélange réduit l'acidité du vinaigre blanc et préserve les surfaces sensibles.

A l'inverse si on met plus de bicarbonate de sodium, on a une réaction qui provoque de l'acétate de sodium et augmente les vertus antibactériennes et anticalcaires.

Le bicarbonate de soude

Que savoir ?

Composé de sodium, d'hydrogène et de carbone.

Le bicarbonate de soude peut être utilisé pour la pharmaceutique, la cosmétique, l'alimentaire ou le ménage.

Le bicarbonate alimentaire va être beaucoup plus pur et son prix plus élevé. Il peut être utilisé pour l'alimentaire, le corps et le ménage. Sa qualité peut être identifiée grâce à la mention FCC (Food Chemical Codex).

A l'inverse du bicarbonate technique a reçu beaucoup moins de tests et est donc réservé uniquement à cet usage. C'est une substance tampon qui va réguler les PH acides (les odeurs, développement des bactéries...)

Il est également important de choisir une granulométrie adaptée:

Grains extra fins pour corps,... pour qu'il soit doux et se désagrège plus facilement... pour les dilutions dans l'eau

Grains intermédiaires : usage polyvalent

Gros grains : abrasifs doux, à utiliser sur surfaces à décrasser, rugueuses, avec des brosses....

PROPRIETES

- Abrasif doux et dégraissant pour nettoyer les casseroles l'évier, polir le métal,..
- Anti moisissures
- Prévient les odeurs
- Neutralise le calcaire
- Elimine les tâches sur le textile

PRECAUTIONS D'EMPLOI

- Pas de précaution d'utilisation particulière
- Bien choisir son bicarbonate technique ou alimentaire en fonction de l'utilisation souhaitée
- Ne pas utiliser sur la laine ou la soie

AVANTAGES

Selon son utilisation, il peut s'utiliser en poudre, en pâte, en gel, en solution...(le diluer dans une eau à 20°c minimum)

Nettoyant surfaces difficiles.

Grâce à son côté abrasif doux, la pâte ou le gel de bicarbonate vous permettra d'enlever le calcaire, le brûlé et les tâches.

<u>Vitre du four</u> : je vous conseille le gel au bicarbonate ou l'abracarbonate que vous pourrez trouver sur le site de « la compagnie du bicarbonate ». Sa formule enrichie en bicarbonate et cristaux de soude ne sera que plus efficace pour les surfaces difficiles.

<u>Fonds de casseroles et plats brûlés</u> : Saupoudrez de bicarbonate, ajoutez de l'eau chaude dans le fond. Laissez reposer au moins 2h et si nécessaire faire bouillir.

Détacher le linge :

Je vous conseille de vous référer à ma page sur le savon de Marseille puisque je vous parle de la lessive aux copeaux de savon de Marseille enrichie au bicarbonate de soude.

Pour frotter les tâches au préalable, là encore, rien de plus simple d'utiliser la magique « Lingot détachant » de la Compagnie du bicarbonate.

<u>Pour enlever les tâches de sang</u> : *Mettre le textile dans une bassine d'eau froide. Ajoutez du bicarbonate (2 cuillères à soupe pour 1 L d'eau) et laissez agir. Evitez d'attendre que la tâche ne sèche.*

<u>Assainir vos tapis, canapés, sièges...</u> : *Saupoudrez de bicarbonate, frotter avec une brosse, laissez agir 1 h et aspirez ensuite.*

Mon utilisation préférée reste celle du nettoyage de la plaque d'induction.

Un peu de bicarbonate sur une éponge humide, rincez et sécher avec un chiffon sec et doux.

Vous verrez le résultat est parfait !

Les cristaux de soude

Que savoir ?

Ils se trouvent naturellement dans le gisement de natron mais peut être fabriqué en laboratoire avec de la craie et du sel.

S'utilise essentiellement pour les gros travaux de nettoyage car il est plus puissant que le bicarbonate de soude.

Ph alcalin 11,4 permet de neutraliser les acides

PROPRIETES

- Dégraissant multi usage intérieur/extérieur
- Nettoie l'email des sanitaires, le marbre,…
- Enlève les tâches sur le linge
- Permet le nettoyage des surfaces très encrassées (four, hotte, toilettes,…)
- Débouche les canalisations (bouchon organique)
- Adoucit l'eau et accroit l'efficacité des produits ajoutés

AVANTAGES ✚

- Selon son utilisation, il peut s'utiliser en poudre, en pâte, en gel, en solution…(le diluer dans une eau à 20°c minimum)

PRECAUTIONS D'EMPLOI

- Produit très irritant
- A manipuler avec précaution (lunettes et gant)
- Ne pas inhaler, ingérer
- Réagit avec des acides
- Ne pas mettre en contact avec l'aluminium, des surfaces en bois de chêne ou châtaignier

Pour la Vaisselle

Casseroles et poêles brulées (sauf pour le fer et aluminium) : mettre une bonne couche de produits dans le fond, de l'eau bouillante et laisser agir)

Eclat de la vaisselle : Diluez 1 cuillère à soupe dans 1 L d'eau chaude et faites la vaisselle avec.

Toilettes très encrassés :

Diluez 1 poignée de cristaux de soude dans 1L d'eau chaude / Laissez agir 45min minimum. Compléter avec un peu de percarbonate de soude pour le côté blanchissant. Frottez avec une brosse.

Surfaces très sales :

Fours, Hottes , Terrasses, Chaises extérieures en plastiques...3 cuillères soupe de soude et 1 c a c de savon noir dans 1 litre d'eau chaude et frottez avec. Rincez

Canalisations bouchées :

2/3 cuillères a soupe dans 1 litre d'eau chaude laisser agir 1h et rincez.

Valable pour les fausses septiques.

Garder les cristaux de soude à l'abri de la chaleur pour une meilleure conservation.

L'acide citrique

Que savoir ?

L'acide citrique est produit à base de biotechnologie à partir de sucre de matières premières végétales comme le maïs, le tapioca, la patate douce...
Mais il est également présent naturellement dans le citron...

L'acide citrique est naturelle et non chimique même si son appellation « acide » en effraie plus d'un.

PROPRIETES

- o Nettoyant
- o Détartrant
- o Fongicide
- o Bactéricide
- o Supprime la rouille jeune, le vert de gris

PRECAUTIONS D'EMPLOI

- o Irritant pour la peau et les yeux et les muqueuses.
- · Ne pas l'utiliser sur des surfaces sensibles telles que le marbre, l'aluminium, l'émail, pierre naturelle...
- · Ne pas mélanger avec de la javel car produit du CHLORE dangereux pour la santé.
- · Ne pas mettre en contact avec de la soude ou nettoyants à base de chlore.

AVANTAGES ✚

- o Biodégradable il permet d'éviter l'utilisation des produits chlorés, phosphates... (javel).
- o C'est l'équivalent de la javel version écolo.

Enlever la rouille jeune

Diluez 2,5 cuillère à café dans ½ litre d'eau, laissez tremper votre objet rouillé ou appliquez la solution au pinceau. Rincez et séchez

Faire briller l'inox :

Frottez la surface avec des grains d'acide citrique ou une solution (2 à 3 cuillère à soupe dans 1 L d'eau chaude). Rincez et sécher avec un chiffon sec et doux.

Blanchir vos toilettes :

Afin que vos toilettes restent bien blancs.
Mélanger 1 à 2 grosses poignée de cristaux de soude dans 1L d'eau chaude et versez le mélange dans le fond de vos toilettes. Laissez agir 1h.

L'acide citrique

Faire briller l inox

S'utilise également pour détartrer, enlever les dépôts de thé, café...au fond des tasses

Si vous n'avez pas d'acide citrique vous pouvez utiliser du citron.

L'acide citrique n'est pas dangereux, il est biodégradable et écologique car c'est un acide naturel mais peut être irritant.

Le Percarbonate de soude

Que savoir ?

Le percarbonate de sodium (de soude) est obtenu par l'association du carbonate de soude (qui compose lui-même les cristaux de soude) et de l'eau oxygénée (appelée aussi peroxyde d'hydrogène). Dissout dans l'eau, il combine les propriétés de ces deux composants : adoucissement de l'eau, dégraissage, détachage et désodorisation pour le carbonate et blanchiment + désinfection pour l'eau oxygénée.

Actif dès 40°C.

AVANTAGES +

- Biodégradable il permet d'éviter l'utilisation des produits chlorés, phosphates… (javel).
- C'est l 'équivalent de la javel version écolo.

PROPRIETES

- Dégraissant
- Détachant
- Blanchit et désinfecte car il libère de l'oxygène actif

PRECAUTIONS D'EMPLOI

- Inflammable et irritant pour la peau et les yeux.
- Ne jamais le mélanger avec de l'eau de javel. Emanation de gaz dangereux.
- Ne pas utiliser sur la soie, la laine, le lin, le cuir, l'inox et le bois exotique.

Eau de javel naturelle.

Usage immédiat à doser en fonction de la quantité nécessaire. Cette préparation ne se garde malheureusement pas au risque d'être inutile.

Melangez dans un vaporisateur 45 grammes de percarbonate de soude et 500 ml d'eau à 40°C minimum.

Laissez le flacon ouvert pendant 2h pour permettre aux gazs de s'échapper puis fermer. Vous pouvez parfumer avec quelques gouttes d'huiles essentielles de votre choix.

Blanchir le linge :

Une de mes utilisations préférée, le percarbonate me permet de blanchir et raviver nombreux de mes textiles (sang, tâches de transpiration, blanc terni….)

Pour cela mettre 1 à 2 bonne poignée de percarbonate de soude dans une eau au delà de 40°C, laissez agir toute la nuit et passez ensuite votre linge en machine.

Blanchir vos toilettes :

Afin que vos toilettes restent bien blancs.
Mélanger 1 à 2 grosses poignées de cristaux de soude dans 1L d'eau chaude et versez le mélange dans le fond de vos toilettes. Laissez agir 1h.

Ne jamais mélanger le percabonate avec de la javel !

Plan de travail tâché (curcuma, vin,…)

Mettez un peu de percarbonate de soude sur votre plan de travail. Arrosez avec un peu d'eau chaude. Frottez délicatement, laissez agir et rincez.

MATERIELS ET ACCESSOIRES NECESSAIRES

Il est essentiel d'avoir de bons accessoires de ménage pour réduire l'effort et avoir une finition impeccable.

Je ne vais pas vous dire ce que vous devez utiliser; mais je vais tenter de vous donner les indications nécessaires sur certains accessoires indispensables et vous partager mes coups de coeur.

Mes accessoires
Ecolos
contre la poussière !

1.   Matériel à prévoir

⚙ *Pour la poussière : un chiffon en microfibre, un plumeau en plumes d'autruche ou le plumeau lavable.*

Le plumeau: contrairement aux plumeaux classiques, le plumeau en plumes d'autruche est plus cher car il a l'avantage de ne pas déplacer la poussière, mais de la retenir. En effet le plumeau a une structure complexe composée de micro plumes qui permettent de retenir la poussière. La légèreté de la plume vous permettra de nettoyer les surfaces fragiles telles que les bibelots, tableaux, plantes, vases…
Les matériaux précieux avec lesquels ce plumeau de nettoyage a été fabriqué font de cet objet, un produit rare et unique.

Aqua Clean®
concept.com ////

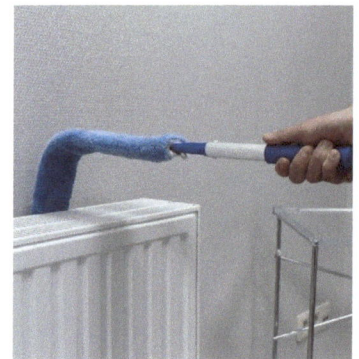

Le plumeau lavable du site internet "'Aqua clean concept" : il est maniable et permet de passer dans des endroits inaccessibles grâce à sa flexibilité et à sa housse en microfibre lavable Vous pouvez également y adapter un manche télescopique pour les surfaces hautes, le nettoyage de vos murs… Ainsi vous pouvez nettoyer tous les recoins de votre maison.

Les chiffons en microfibres: ils vous aideront à nettoyer les surfaces planes mais là encore faut-il qu'ils soient de bonne qualité. Nous reviendrons sur cet aspect plus tard.

Vous l'aurez bien compris, ces articles sont complémentaires pour un meilleur nettoyage de toutes vos surfaces.

⚙ *Pour les vitres :*

Je vous recommande sans hésitation, le Kit chiffon vitre du site internet *« Aqua clean concept »*. Ce kit vous permettra de nettoyer le calcaire, retenir les impuretés de vos vitres grâce à un peu d'eau et au pouvoir des fibres.

Un coup de séchage et vos surfaces seront étincelantes.

Pour les plans de travails, lavabos… l'éponge lavable grattante double face du *site « d'Aqua clean concept »* est idéale pour frotter, récurer sans rayer.
Elle est composée d'un côté rugueux, qui accroche la saleté sans griffer la surface des meubles, miroirs, vitres ou voitures. Le côté plus doux parachève, lui, le nettoyage, toujours sans utiliser le moindre produit détergent. L'éponge en microfibre du site *« Aqua Clean Concept »* est lavable en machine ou au lave-vaisselle, tout en conservant ses propriétés électrostatique et lipophile.

⚙ Pour essuyer et faire briller la vaisselle :

Rien de tel encore une fois que le chiffon spécial vaisselle du site « Aqua clean concept » pour des verres brillants. Composé de microfibre et de soie pour un résultat parfait.

⚙ Pour le sol :

Choisissez un balai en fibre naturel (poil de chèvre, crin de cheval, fibre de coco,...) ou un bon aspirateur.
Et pour être sûr de ne manquer aucune poussière ou tout simplement pour vos sols en parquet, passez le balai MOP en microfibre. Il captera la poussière et se glissera jusque sous vos meubles.
Ce balai est 2 en 1, puisque grâce à son système de velcros, vous pourrez passer en mode lavage du sol sans traces. Fini de vous trimbaler avec le seau. Grâce aux velcros et au manche avec réservoir intégré, il pourra garder votre lingette humide ou tout simplement de la rincer en un tour de main.

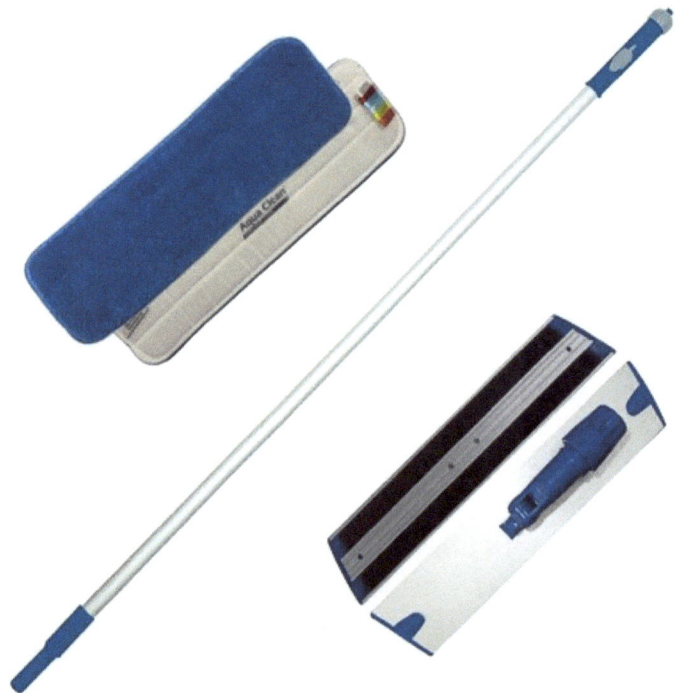

2. Les éponges

Les éponges sont des nids à bactéries puisqu'elles absorbent nos résidus alimentaires.
Et comme elle sont souvent humides, les bactéries y prolifèrent.
Autant vous dire que nettoyer vos surfaces pour y redéposer des bactéries à causes de vos éponges annule tous vos efforts.
Un conseil, laissez la tremper 1 h dans du vinaigre blanc après utilisation pour tuer les bactéries et rangez la dans un milieu sec et non humide (pourquoi ne pas la faire sécher au soleil!)

Par ailleurs, pour rester dans une demarche écologique, je vous conseille d'acheter ou de fabriquer des éponges lavables. Certes, elles n'empêcheront certaines bactéries de proliferer, mais l'avantage c'est qu'elles sont réutilisabes et lavables à 60°C.

Les éponges

NIDS À BACTÉRIES !

3.   Choisir son chiffon en microfibre

Même si la microfibre n'est pas encore totalement un accessoire 100% écologique puisqu'il nécessite des dérivés d'hydrocarbures lors de sa fabrication et rejete des microparticules de plastique lors du lavage; elle évite cependant d'avoir recours aux lingettes jetables.

❂ *Les avantages de la microfibre*

Elle est composée de microfilaments qui adhéreront plus facilement à vos surfaces.

La microfibre est efficace quelle que soit la surface à nettoyer (carrelages, verres, vitres, écrans, aluminium, PVC, bois …) et convient à tous les domaines d'activités. Elle s'utilise à sec pour le dépoussiérage, humide ou mouillée pour le dégraissage et le lavage.

Propriétés :

Pouvoir abrasif doux: les zones à entretenir présentent un état de surface plus ou moins rugueux. Pour enlever les salissures présentes dans les interstices, la fibre doit avoir le plus faible diamètre possible.

Un pouvoir absorbant accru : par capillarité, elle absorbe.les salissures et l'eau qui sont drainées à l'intérieur du réseau de fibres.

Propriétés électrostatiques : la poussière est attirée comme un aimant.

Économique : ses caractéristiques permettent de gagner du temps ainsi que de réduire la consommation en produits de nettoyage.

Résistance aux produits chimiques : les fibres synthétiques qui constituent les microfibres (polyamide, polyester) sont plus résistantes aux attaques chimiques que les fibres naturelles.

Résistance mécanique : forte résistance à l'usure de par leur nature et leur construction. Les microfibres résistent en moyenne entre 300 et 500 lavages.

À noter : ne jamais utiliser d'adoucissant lors du lavage de textile microfibre. Un rinçage à l'eau permet de lui redonner ses caractéristiques initiales.

Comment choisir sa microfibre ?

Choisir une bonne microfibre repose sur différents critères qui garantissent sa qualité:

La Fabrication : Une **microfibre tissée** est en général **moins dense et donc moins efficace** que la microfibre tricotée. *A contrario*, la microfibre obtenue par tricot offre des **boucles plus larges**, qui accentueront le **contact avec la surface à dégraisser**.

Le Type de microfibres : au niveau microscopique, plus la microfibre est fine, plus sa capacité à capturer poussière et saletés sera importante.

L'intensité de la microfibre: l'épaisseur de la microfibre se traduit en grammes par m2. Plus la quantité de fibres est dense, plus le chiffon en microfibre sera efficace.

La composition :

- **le polyester :** est le polymère qui constitue principalement la microfibre en raison de sa **propriété lipohile**. Cette caractéristique permet d'**attirer la graisse sans nécessiter de détergent**. Plus le taux en polyester est élevé, plus la microfibre acquiert de capacité à dégraisser, ce qui est le plus difficile à obtenir lors du nettoyage.

- **la polyamide :** ce second polymère composant la microfibre est **hydrophile**. Son affinité avec l'eau garantit une grande capacité d'absorption de l'eau et de la graisse qu'elle contient.

BIEN CHOISIR SA MICROFIBRE

RECONNAITRE UNE FIBRE DE QUALITE

Nombre de lavages : sans altération de l'efficacité du produit en microfibre : l'entretien d'une microfibre se fait en **machine à laver**, avec idéalement une quantité moindre (la moitié) de produit pour la lessive .**En aucun cas un produit adoucissant** ne doit être ajouté dans votre machine. Un fond de verre de **vinaigre** fera éventuellement office de désinfectant.

Température de lavage : Plus la microfibre est de qualité, plus la température de lavage peut être élevée, ce qui permet de dégraisser efficacement le textile. Notez cependant qu'une température de 40°C suffit à ôter la poussière seule de la microfibre.

	BASIC QUALITY	PREMIUM QUALITY	BEST QUALITY
1. Fabrication	Tissée	Tissée	Tricotée
2. Microfibres	Fine	Très fine	Ultra fine
3. Intensité de la microfibre	200 gr/ m^2	300 gr/ m^2	380 gr/ m^2
4. Polyester	50%	70%	80%
5. Polyamide	50%	30%	20%
6. Nombre de lavages	50 à 100	300	500
7. Température de lavage max.	40 à 60 °C	70°C	95°C

Une bonne microfibre coûte en moyenne entre 15 et 30 euros environ.

LA LESSIVE

1. Danger des lessives conventionnelles

Nous allons essayer de comprendre dans un premier temps de quoi est composé une lessive pour en comprendre les dangers:

DE QUOI SONT COMPOSÉES NOS LESSIVES ?

- Detergents: tensioactifs.
- Des produits décomplexants ou anti redeposition :
- Des agents sequestrants
- Des enzymes
- Des composes alcalins, adoucissants
- Des solvants

Dans l'union européenne, le texte fondamental en matière de produits chimiques est REACH qui impose par exemple que 60% des tensioactifs soient biodégrables et oblige une garantie de transparence de composition.

Certes le dispositif consiste à identifier les substances qui composent le produit et l'améliorer mais c'est en aucun cas la garantie d'un produit ultra clean.

On limite la dose de produits toxiques, .on informe mais on éradique pas le danger !

2.   Lessive au savon de Marseille

Faites votre propre lessive au savon de Marseille rapide, écolo et économique!
Vous verrez cela prend 5-10 minutes pour faire le nombre de litre de lessive qui vous convient.
Je vous recommande la lessive en copeaux de savon de Marseille enrichie au bicarbonate que vous pouvez trouver sur le site de la *Compagnie du Bicarbonate.*"

Lessive au savon
de Marseille
SIMPLE ET RAPIDE !

3.   Taches du Linge

Savoir comment et avec quoi traiter une tâche est parfois un casse tête mais vous allez dorénavant mieux comprendre et appliquer des méthodes qui vous éviteront de tester divers produits innefficaces ou très toxiques pour arriver à bout des taches tenaces.

Sachez que plus tôt vous traiterez une tache, et plus vous aurez de la chance de la faire partir.

Le principe est simple; il suffit de determiner dans un premier temps quel est le type de votre tache. (pigment,graisse, protéïne....).
Une fois cela determiné vous saurez quel type de produit utiliser ou combiner pour enlever vos tâches.

✺ *Taches de gras :*

Pour enlever une tâche de gras, il faut utiliser un tensioactif.
Les substances grasses ne sont pas **miscibles avec l'eau** (elles ne se mélangent pas). Il faut donc soit recourir à des solvants organiques capables de les dissoudre tels que l'essence de térébenthine, terpène d'agrumes, glycérine soit faire en sorte que les graisses deviennent solubles dans l'eau. C'est le travail du savon. Ses molécules possèdent un côté hydrophile (attiré par l'eau) et un côté lipophile (attiré par le gras). Cette double propriété permet aux molécules de **savon** de se lier simultanément aux graisses et à l'eau et, ainsi, de dissoudre les taches grasses.

⚙ *Tâches enzymatiques : sang, herbe, oeuf,...*

Pour cela utiliser des enzymes qui casser la proteine de la tâche (par ex le spray détachant aux Enzymes que vous pourrez retrouver sur le site web www.*Hevea-Nature.fr*).
Les organismes vivants utilisent des enzymes pour casser les liaisons chimiques entre les acides aminés constituant les protéines d'une substance organique. Mises en contact avec un détergent aux enzymes, les protéines du sang et les fibres de cellulose sont divisées en fragments qui partent dans l'eau de lavage. Quant à la chlorophylle et l'hémoglobine qui resteraient sur le tissu, on les décolore à l'aide de produits oxydants (comme le percarbonate de soude, le citron, l'eau oxygénée)

⚙ *Les taches oxydables (taches à base de tanin) : vin, thé, café...*

Pour les taches oxydables, il faut un détachant contenant de l'oxygène actif (percarbonate de soude par ex) qui s'utilise aussi bien sur le linge blanc que le linge de couleur. Il aura l'avantage de détacher tout en permettant de préserver l'éclat du blanc. Sur un tissu blanc ou clair, faire tremper dans de l'eau froide avec de la lessive en poudre directement sur la tache. Sur un tissu coloré, vous pouvez aussi mettre du sel à l'endroit taché et rincer immédiatement avec de l'eau froide.

⚙ *Tâches d'encre, pigments, coloration…*

Utiliser des solvants comme l'alcool (vinaigre blanc ,….)

Il faut détruire les propriétés colorantes des pigments. Pour cela, on utilise des oxydants puissants comme l'eau oxygénée. Ses molécules, constituées de deux atomes d'oxygène et de deux atomes d'hydrogène, s'attaquent à la structure des grosses molécules. Le résultat de cette réaction oxydante: les pigments ne renvoient plus de couleur et les tanins sont cassés en de petits fragments solubles dans l'eau.

Pour les encres indélébiles mieux vaut utiliser l'eau oxygénée qui ne vas pas la dissoudre mais rendre invisibles en la modifiant chimiquement

Astuces tâches !

SANG, GRAS

Les cristaux de soude et le bicarbonate, quant à eux sont polyvalents et renforceront le pouvoir détachant de vos produits.

Blanchir votre linge, enlever les tâches de transpiration ou linge déteint.

Mettre 200gr de percarbonate de soude 3 litres de l'eau chaude, laissez tremper toute la nuit. Lavez en machine.

Tâches de sang :

🌀   Ma solution miracle pour vos tâches de sang frais : tremper à l'eau froide avec quelques cuillères de bicarbonate de soude (il active l'action des enzymes). Ne jamais verser d'eau chaude, celafixerait la tache.

🌀   Pour du sang séché, tremper une demi-heure à l'eau froide avec une cuillère de vinaigre blanc. On peut tamponner avec de l'eau oxygénée, puis rincer abondamment

Tâche d'encre:

Utiliser de l'alcool 90°,tamponnez, laissez imbiber et laissez tremper dans une bassine avec 200gr de bicarbonate de soude dans 3L d'eau chaude.

Enlever de la cire de bougie :

Mettre un vieux torchon ou du papier absorbant. Passez votre fer à repasser. La cire va fondre et être absorbée par votre support.
A répéter jusqu'à disparition complète de la tâche. Savonnez et rincez.

Tâches de gras :

Sans hésitation le lingot détachant au savon de Marseille enrichi au bicarbonate de soude du site de *la "Compagnie du Bicarbonate."* Il enlèvera vos tâches facilement mais aussi pour bien d'autres types de tâches. Testez-le il est polyvalent.

L'AIR DE VOTRE MAISON

Votre air intérieur est pollué chaque jour par différents composés organiques volatils nocifs que nous utilisons sans nous en rendre toujours compte (parfums, bougies, aérosols, meubles neufs, peintures ,moisissures, ...)

Pour éviter de surcharger votre air en molécules nocives, pensez à aérer régulièrement pour renouveler l'air.
Vous pouvez également stopper l'utilisation des produits toxiques et remplacer vos aérosols, bougies...par des vaporisateurs faits maison ou en utilisant un diffuseur d'huiles essentielles.

1. Comment choisir son diffuseur d'huiles essentielles ?

Les huiles essentielles contiennent des composés organiques volatils (COV) naturels qui sont bénéfiques. Elles peuvent avoir des bienfaits sur votre santé, renforcer l'efficacité de vos produits ménage écolo et jouer également un rôle sur vos émotions.

2. Quelles précautions d'emplois ?

1. Prendre un diffuseur adapté de qualité pour éviter qu'il surchauffe les huiles qui deviendraient toxiques.
2. Ne pas les utiliser en présence de personnes asthmatiques, les chats et chiens (certaines huiles), enfants et femmes enceintes.
3. Se renseigner sur les huiles à diffuser. Certaines sont toxiques en diffusion
4. Limiter leur diffusion dans un laps de temps defini et non en continu.

3. Quel diffuseur choisir ?

❀ *Diffuseur par nébulisation :*

Son système consiste à propusler avec de l'air froid des huiles essentielles pures grâce à une pompe.

Couvre des surfaces importantes 50 à 100m² et jusqu'à 3000 m² pour certains.

Avantages:

Diffuseur de très bonne qualité puisqu'il lors de sa diffusion, il conserve les vertus des huiles essentielles. Celles-ci restent longtemps en suspension dans l'air.

Sa qualité de diffusion et ses matériaux de fabrication (matériaux nobles:verre, bambou, bois...) en font le type de diffuseur le plus excessif du marché.

Inconvénients : fait un bruit de pompe

Coût: entre 50 et 80 euros pour un diffuseur de qualité

☀ *Diffuseur par ultra son ou brumisateur :*

Grâce à un système d'ultra-sons, il va diffuser des huiles essentielles mélangées avec de l'eau sous forme de brume.
Utile pour des pieces sèches ou pour aider à se relaxer car il dispose souvent d'un system de programmation

S'utilise pour des surfaces de 50m² environ.

Avantages: Design et relaxant, il peut être programmé.
Sa brume n'assèche pas l'air.

Inconvénients: Les propriétés des huiles essentielles sont amoindries car elle sont mélangées avec de l' eau.
Il y a certaines précautions d'emploi à avoir avec un appareil électrique utilisé avec de l'eau (alteration des fils électriques,...)

Coût : en moyenne 50 euros pour un diffuseur de qualité

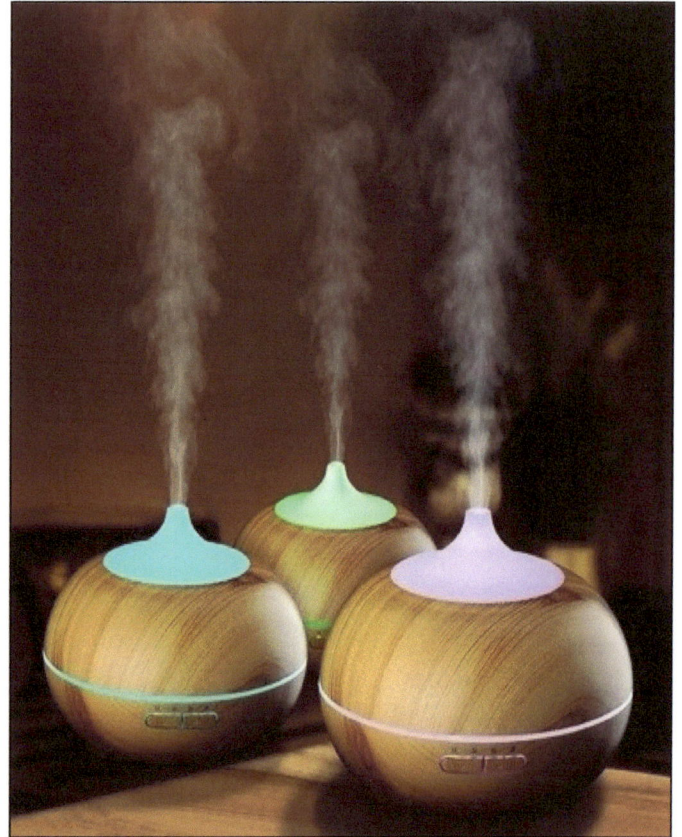

❀ Diffuseur par ventilation:

Il fonctionne par ventilation et propulse les huiles imbibées sur un filtre intégré.
C'est un diffuseur nomade pas très puissant mais utilisés pour des espaces de proximité (bureau, voiture).

S'utilise pour des surfaces entre 10 et 20m².

Avantages: Procédé à froid donc les vertus sont preservés.

Inconvénients: diffusion non totale car les huiles à molécules plus lourdes sortiront plus tard que celles à molecules plus légères. La synergie entre les huiles ne se fera donc pas.
Engendre des consommables à cause des filtres à changer.

Un diffuseur de ce type de bonne qualité coûte entre 20 et 30 euros

⚙ *Diffuseur par chaleur douce :*

Il chauffe des huiles à chaleur faible régulée grâce à une résistance qui n'excède pas 45°C.

Valable pour des surfaces de 15 à 20M²

Avantages C'est le diffuseur le plus facile d'utilisation et le moins bruyant.
Son entretien est facile s'il est de qualité et ne surchauffe pas l'huile.
Coût : 20 à 30 euros pour un diffuseur de qualité.

Inconvénients : peu puissant .
Avec ce type de diffuseur, le choix des huiles est limité.
Les huiles essentielles à molecules lourdes s'évaporeront moins bien car il n'intègre pas de système de propulsion…

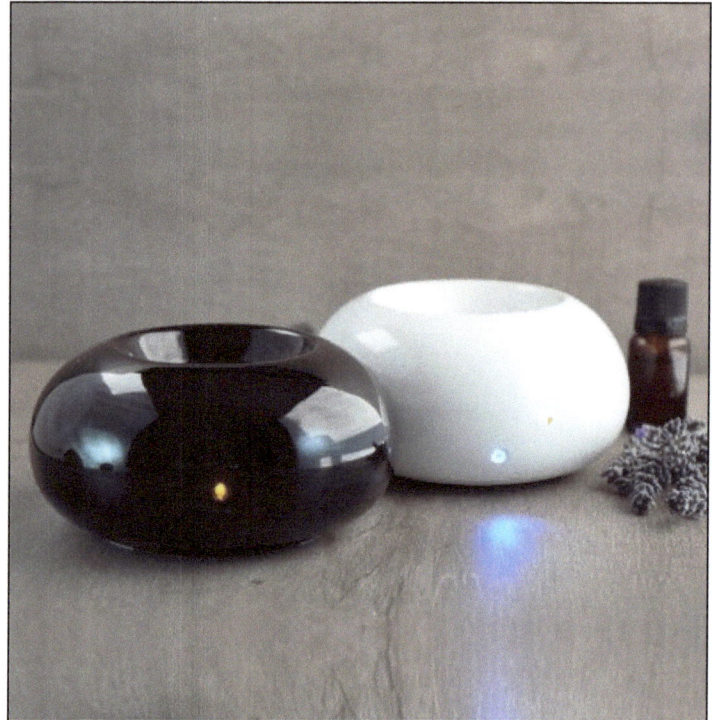

Enfin pour les diffuseurs types chauffe bougies ils surchauffent l'huile qui devient alors toxique. Et en ce qui concerne les diffuseurs passifs comme les galets,… il ne diffusent et ne propagent pas les huiles dans l'air; ils dégagent juste un parfum si on s'en approche.

Vous l'aurez bien compris le choix de votre diffuseur d'huiles essentielles doit être fait en fonction de la surface dans laquelle vous devez diffuser, du type d'huiles essentielles que vous souhaitez diffuser et enfin de vos préferences.

A VOUS DE JOUER !

Voilà maintenant, vous avez toutes les cartes en main pour comprendre et commencer votre apprentissage pour le ménage écologique.

Si certains d'entre vous sont encore réticents et sont perdus parmi ces diverses informations sachez que vous pouvez trouver des produits et formules déjà travaillées en pensées pour vous.

"Un petit pas pour l'Homme, un grand pas pour l'Humanité !" Armstrong.

Voici une liste non exhaustive des sites internet de confiance où vous pourrez trouver des produits de qualité. Testés et approuvés !

www.compagnie-bicarbonate.com
www.aquacleanconcept.com
www.hevea-nature.fr
www.joli-broom.com

Enfin le site de la Galipoli Fabrique vous propose des flacons gradués avec les recettes déjà inscrite qui vous permettront petit à petit de commencer vos mélanges et d'apprendre simplement.

www.galipoli.fr

VOUS RETROUVEREZ TOUS MES CONSEILS EN VIDEO SUR MA CHAINE YOUTUBE EMIMILIE!

www.ingramcontent.com/pod-product-compliance
Lightning Source LLC
Chambersburg PA
CBHW041427090426
42741CB00002B/64